AW

„Die kürzeste Liebesgeschichte der Welt" erzählt von knappen Augenblicken des Liebesglücks, vor allem aber von verpassten Gelegenheiten, Missverständnissen, Kränkungen und Vorurteilen, die das scheue Gefühl schnell wieder vertreiben. Die Liebe – ersehnt, erträumt, erhofft – und doch zu flüchtig, um sie für immer festzuhalten.

Adelhard Winzer, geboren in Karlshuld/Bayern, verbrachte die ersten Kinderjahre auf dem Bauernhof seines Onkels, Mitbegründer verschiedener Bands, Reisen durch Europa, Kinderbuchveröffentlichung „Andreas", Georg Lentz Verlag, München, Bankangestellter, Bankkaufmann, intensive Schreib- und Zeichentätigkeit, Ausstellungen in Neuburg an der Donau, München und Umgebung, zwei Stücke im Cantus Theaterverlag, Eschach: „Krethi und Plethi" – „Das Korkenspiel", weitere Buchveröffentlichungen: „Die Sprachgrenze" – „Hundert Zeichnungen" – „Lügengeschichten" – „Stockholm Blues" – „33 Computer-Zeichnungen" – „Andreas (Reprint)" – „Grundsätze über die Kunst" – „Venedig, von hier aus" – „Der Pensionist" – „Italienische Skizzen", BoD – Books on Demand, Norderstedt, lebt im Chiemgau.

Adelhard Winzer
Die kürzeste Liebesgeschichte der Welt

Gedichte

Bibliografische Information der
Deutschen Nationalbibliothek: Die Deutsche
Nationalbibliothek verzeichnet diese Publikation
in der Deutschen Nationalbibliografie.
Detaillierte bibliografische Daten sind im
Internet über http://dnb.dnb.de abrufbar.

Herstellung und Verlag:
BoD – Books on Demand, Norderstedt
Umschlagzeichnung:
Adelhard Winzer

ISBN 978-3-750437289

Die kürzeste
Liebesgeschichte der Welt

Zuerst
wollte nur er
aber sie nicht
dann wollte sie
aber er nicht
worauf auch sie
nicht mehr
wollte

Der Verliebte

Ein Mann
der ins Bad geht
sich die Hände
wäscht das Gesicht
die Zähne putzt
in den Spiegel schaut
dann erst mit ihr
telefoniert

Zeit

Jeder Tag
der gleiche
von der Zeit
haben wir
keine
Ahnung
Tiere
vielleicht
Kinder

Der Andere

Wer möchte ein
Anderer sein
die Hälfte
der Menschheit
Tausendprozent
nur sagt es keiner

Allein

Im offenen Fenster
ein kugelrunder Mond
in der Ferne der Gesang
einer Nachtigall

Heute

Die fremde Frau
mit der er gestern
ein paar Worte
gewechselt hatte
grüßte ihn heute
von weitem

Das Geschenk

Er hat etwas hergeschenkt
ohne es nachher zu bereuen

Mit geschlossenen Augen

Ein altes Ehepaar
geht händchenhaltend
in die Kirche

Realität

Es ist gut
weil es teuer ist
es ist schlecht
weil es billig ist
es ist gut weil es
im Gespräch ist
es ist schlecht
weil sich niemand
dafür interessiert

Verzweiflung

Das musst du
machen
die musst du
kennen
den musst du
gesehen haben

Einsicht

In dieser von Gott
verdammten Welt
musst du leben

Erinnerung

Er sagte
am Ende der Straße
stand sie jeden
Sonntagabend und
wartete auf mich

Versteck

Der Mond hat sich
im Apfelbaum versteckt

Eifersucht

Er spricht
absichtlich langsam
damit sie es merkt

Ausreden

Er war nicht einsam
er war bloß allein

Liebe

Wir erzählen uns alles
einfach alles sagte die
Frau das ist Liebe

Traum

Im Traum ist es Mittag
ich gehe
über brüchiges Eis
die Sonne
wie Salz auf der Haut
am Horizont
ein kleines Haus
warum ich fortgehe
und lache
weiß ich nicht

Drachen

Als die Welt in Ordnung war
ließ ich Drachen steigen
über das Haus deiner Eltern
Tabakkrümel lagen
auf dem Fensterbrett
und im Garten ein Messer
Wind gab's genug
mit Kirschen im Ohr
kamst du
von der anderen Seite

Ändern Sie

Ein Tag vor Anbeginn
der Welt Sie halten
alles in Ihren Händen
was ändern Sie

Versöhnung

Nachdem sie sich
gegenseitig das Messer
in die Brust gejagt hatten
gingen sie schweigend
nebeneinander her
er fragte geht's noch
ihre Antwort wenn nicht
hätte ich es gesagt

Katastrophe

Die ungelösten Fragen
nach der Katastrophe
wiegen mehr als die
Katastrophe selbst

Platonische Liebe

Ich bin erledigt
vom Tisch geräumt
ein Blatt Papier
platonische Liebe
das Anhäufen
von Buchstaben
über Seiten hin

Vorwurf

Sie sagte ich finde es
schrecklich dass Kinder
erst erwachsen werden
müssen nur um später
das Kind in sich
verleugnen zu können

Allein

Ich bin ja noch nichts
ich weiß ja noch nichts
ich fürchte mich immer
noch allein im Wald

Im Schnee

Das kleine Hufeisen erschien
im Schnee pechschwarz

Glaube

Sie hat ihn gegoogelt
jetzt glaubt sie alles
über ihn zu wissen

Der Traum

Die Weingärten
aus der Ferne betrachtet
erschienen ihm heute
wie ein Dornengestrüpp
es war Nacht und Nebel
stieg auf hinter dem Hügel
was er dort suchte
wusste er nicht

Rumba Lumba

Überlege nicht lange
sag ihr was Schönes
ins Ohr berühre
ihre Wangen
zupf sie am Ärmel
Rumba Lumba
bleib bei ihr
im Hotel Hallodria

Weißer Mond

Sie liefen
durch den
Nachmittag
vor ihnen
ein großer
weißer Mond
ungestilltes
Verlangen

Die Straße

Nur selten noch
offene Gesichter
Eitelkeit
wer weiß
die Frau dort
hängt womöglich
ihrer verlorenen
Liebe nach

Freitag

Die Fischfrau
jeden Freitag
steht sie da
schreit ihr
Pesche Pesche
in die Menge
haut mit einem
Schlag den
Fischen die
Köpfe ab
lächelt dabei
wie eine Verliebte

Der Blick

Der Blick der Frau
von gegenüber
traf mich unerwartet
mitten ins Herz
kennt sie die
Nebenwirkungen
weiß sie es

Frage

Bist du dir sicher
liebst du sie
glaub daran
bevor du es sagst

Entscheidung

Schließ die Augen
dann dauert es länger

Einsicht

Ich will nichts
erwarte nichts
kann es nicht lenken

Gedanken

Du bist nicht bei mir
du bist woanders
du suchst mich da
wo du nicht bist

Heimlich

Er verließ das Haus
draußen kein Mensch
weit und breit allein
seine Siebensachen

Wie spät ist es

Die Züge fahren hier
stündlich du kannst
die Uhr danach stellen

Hund und Katz

Die Hunde schliefen
noch als die Katze
ums Haus schlich

Zukunft

Er ist mit seinen
Gedanken drei
Tage voraus

Glaube

Er möchte
vielleicht
auch nicht
steht auf
setzt sich
schreibt Briefe
zerreißt sie
glaubt daran
wieder nicht

Wunsch

Die Tochter
des Millionärs
hat sich im
Hochhaus
eingemietet
dort will sie
sich finden

Versteck

Jeder Mensch
versteckt etwas
vor sich selbst

Die Schöne

Ihre Augen
schwarz wie Ebenholz
wer weiß wie
Ebenholz aussieht

Der Held des Tages

Ich kann die Leute
schon verstehen
wenn sie dem Großmaul
mal eine auf die
Fresse hauen wollen

Eindeutig

Schon wieder
dieser falsche
leutselige Mensch

Die Lüge

Die einsame Frau
versteckt sich
hinter ihrem Lächeln

Geliebte in der Ferne

Der Mann auf dem Bahnsteig
weiß es noch nicht
sein Zug hat Verspätung

Mitternacht

Nachdem er die Landstraße
erreicht hatte blieb er stehen
hinter ihm im tiefen Meer
ein kardinalroter Vollmond

Künstler

Du bist wie die andern
sagen die Leute
die Welt wirst du
nicht bewegen
Künstler
was ist das schon
ein Gedicht

Erklärung

Der Zwischenteil
erscheint am Schluss
das Ende fällt weg

Kunst

Sie sagt nicht das ist falsch
sondern das verstehe ich nicht
(der Diplomat in ihr)

Vergleich

Jeden Tag
vergleichst du
dein Leben
mit einem
anderen Leben
wann endlich
sagst du
ich möchte
kein anderer sein

Der Fremde

War er einer von uns
nein er war allein

Nachher

Im Anfang
war das Ende
bereits enthalten

Das Fehlurteil

Vielleicht ist sie nicht
was sie ist
ein Stein ist ein Stein
ein Weg ist ein Weg
ein Haus
hat Türen und Fenster
ein Fluss ist ein Fluss
nur mit ihr
ist das alles
nicht so klar

Nachbarn

Die Frau vom
Nachbarhaus
hat eine Stimme
für zwei
eine Marktschreierin
war die früher
oder täusche ich mich

Die Übung

Als Bäcker wollte ich
Zimmermann werden
schwere Balken
heben aufs Dach
Leute von oben
betrachten als
Landvermesser
am Fluss
im Dickicht
lernte ich
das Wort Durst
einen Sommer
lang kennen
im Winter
war ich allein

Zeit

Mit der Zeit
gehen
heißt nicht
mit der Zeit
ein Idiot
werden für
die Zeit

Meer

Im stillen Meer
spiegeln sich die Wolken
klar und deutlich
der Wind treibt sie fort
will keine Gesellschaft
die Sonne färbt die
Wellen purpurrot
dunkel schwarz
in der Nacht

Vorsatz

Etwas denken
das man nie mehr
denken wollte

Permanent

Drei Wochen im Süden
an einem speziellen
Platz permanent
Sonne Himmel blau
Wasser Wellen
Sand Strand
und Vergessen

Allein

Bis spät in die Nacht
hinein saß ich bei mir
allein wie andere
am Stammtisch

Kindheit

Wo warst du
wo bist du
gewesen
was hast du
schon wieder
angestellt

Der Wunsch

Wenn jeder Mensch
nur einem Menschen
helfen würde
wäre allen geholfen
hat ein gescheiter Mann
gesagt aber ich glaube
die wollen das gar nicht

Bleistift und Papier

Ein Handkreisel aus Holz
Bleistift und Papier
liegen auf seinem
Schreibtisch
manchmal holt er
einen Kalender
aus der Schublade
schreibt hinein
was ihm wichtig
erscheint

Im Traum

Die Frau
mit dem aufregend
schönen Gesicht
schenkte mir
ein Lächeln

Der Platz vor dem Haus

Der Platz vor dem Haus
war wieder mit Kindern
belebt bunte Plastikteller
flogen durch die Luft
ein Supermarkt
schloss die Türen
ein Vogel starb

Nacht

Ich zähle am Himmel
die Sterne für dich
sie sind mir noch
immer ein Rätsel
wann zählen wir sie
endlich gemeinsam

Beobachtung

Mann mit Hut
beobachtet das Treiben
junger Mädchen
vor dem Seniorenheim

Liebe

Du liebst mich
liebst du mich
liebst mich du
du liebst du mich

Die Frage

Kommt der Abend
vor dem Morgen
folgt das Böse
nach dem Guten
kommt die Trennung
vor dem Anfang
fragst du mich
oder den Andern

Schule

Mit traurig
müden Gesichtern
gingen die Kinder
vorbei an mir

Augen

Im Licht siehst du
den Schatten nicht
unmöglich jedem
die Augen zu öffnen
ihre Sichtweise
schöne Zeiten
wären das

Prinzen

Frauen träumen
von Prinzen
Scheichs
Millionären
Lebensrettern stimmt
Liebesgeschichten
gibt es keine
auch nicht die
unerfüllte Liebe

Schnee

Im Fernglas ein Kind
nichts ahnend
stapft es vor mir
tiefer weißer Schnee

Landschaft

Erst am Abend
wird die Landschaft
hier zur Landschaft
falls überhaupt
klar und deutlich
lange Schatten
über uns beizeiten
der Mond

Zeit

Viel zu lange
habe ich gewartet
dass du was sagst
aber du hast es
nicht gesagt
du sagst nichts
vielleicht hast
auch du gewartet
auf das worauf
es ankommt
wartet ein jeder
die ganze Zeit

Der Brief

Ein Brief im
Briefkasten
weit unten
ein weißes
Kuvert nicht
angekommen
zerknittert
zurückgekehrt
du überlegst
wann wo
warum

Freiwillig

Du hast dich unfreiwillig
verraten macht nichts
das Holz brennt nur schwach
hat zu viel Wasser aufgesaugt
ein Geschenk des Himmels
der plötzliche Regen

Schönheit

Mach es wie
du es kannst
nicht anders
dann bist du
schön

Schwächen

Der Mann konnte
die Welt auslöschen
wenn er wollte
spielte den Helden
war Zuversicht Stärke
baute Häuser
die heute noch stehen
wusste Bescheid
über die Schwächen
der Menschen
zeigte sie uns

Das Lächeln

Erst wenn sie
lächelt lächelt sie
ist sie unsicher
macht es sie
anziehender
spielt sie
wünscht sie
würde nicht
denken was
sie denkt

Dolce

Der Gänsebraten
schmeckte vorzüglich
Bellissimo die Aussicht
auch der Kellner
hier die Nachspeise
dolce allein der Wind
war zu stark
auf der Terrasse
irgendwas
hast du immer
auszusetzen

Denken

Sie macht
in Gedanken
alles was er will
sie will keinen
der nicht weiß
was er will nein
so einen nicht

Höhepunkte

Die außer
gewöhnlich
hergerichteten
Damen rauchen
trinken Sekt sind
auf den höchsten
Höhepunkt aus
Goldkettchen
auf nackter Haut
erst wenn sie lieben
werden sie echt

Die Zunge

Sie lässt schweigend
ihre Zunge kreisen im Mund
Mercedes ist ihr zu wenig
Lancia vielleicht Jaguar

Bewegung

Falte das Blatt
in der Mitte
gelernter
Buchhalter
der du bist
eines für dich
eines für mich
eines genau
wie du es willst
schau nicht
so ernst
lass es steigen
fliege mit

Gesichter

Trauergäste
gehen über den Hof
sehen aus als wären sie
geladen zu einer Hochzeit
helle wache Gesichter
locker entspannt

Nebensache

Keine Ahnung was
sie gegen ihn haben
wissen es besser
kritisieren sein
Aussehen nicht
was er geleistet hat
schau genau hin
womöglich
stimmt es nicht

Der Vorsatz

Ich will mit ihr
nichts zu tun haben
jede Bewegung sagt
mir was sie denkt
meine Gedanken
werden falsch
und verlogen
wenn ich sie sehe

Methoden

In der Verfassung
will keiner nach
Hause gehen
überspielt den
Schrecken mit einem
Lachen jeder hat
so seine Methode

Die Frage

Was siehst du
beobachtest du
aufmerksam
achtsam
phlegmatisch
teilnahmslos
widerwillig
führst du deine
Bewegungen
zu Ende oder
brichst du sie ab
wie fühlst du dich
was hast du
gedacht

Die Starken

Es gibt nur Starke und Schwache
die Starken sind die Konzerne
die Schwachen werden verheizt
es gibt mehr Schwache als Starke
trotzdem sind sie nicht stark

Zukunft

Ich habe früher allein
in der Gegenwart gelebt
nicht wie die andern
an die Zukunft gedacht
keine Pläne geschmiedet
bin an Pfingsten nicht
in Urlaub gefahren
hab nie gedacht
dass man so etwas
denken könnte
wusste gar nicht
wann Pfingsten ist

Der Hausbesitzer

Wenn du allein lebst
brauchst du kein Haus
ein Zimmer ist alles
was du brauchst
bist du unterwegs
denkst du ans Haus
an den Heizungskeller
Wintergarten Kaminkehrer
lebst du allein
brauchst du kein Haus
keinen Rasenmäher
Schneeräumer
ein Zimmer ist alles
was du brauchst

Liebestraum

Er denkt jede Minute
an sie ist sie nicht bei
ihm glaubt er nicht
weiter leben zu können
meint tatsächlich dass
sich mit ihr alles erfüllt
denkt nicht an andere
Möglichkeitsformen
nur noch an sie

Liebe Liebe

Du bist falsch
und lieblos
mörderisch
du bist bloß
ein Wort

Unglück

Der Unglückselige
selig in seinem Unglück

Augenblicke

Er umklammert
den spitzesten
Punkt ihres Körpers
breitet in Gedanken
seine Arme aus
küsst ihre Ohren
Achselhöhlen
geht langsam
an ihr vorbei

Lächeln

Sie beobachtet
ihn kommt näher
hat kein vernichtendes
Telefon in der Hand
telefoniert nicht
in der Öffentlichkeit
wird groß und stark
wenn sie lächelt

Die Frage

Kannst du allein sein
wenn du allein bist
greifst du zum Telefon
wenn es nicht läutet
schaltest du in der Nacht
das Fernsehgerät ein
wie kommst du auf
solche Gedanken

Der Dieb

Im Lärm der vorbeifahrenden Autos
zog er die Tür hinter sich zu

Frauen

Der Fleischverkäufer
im Supermarkt ein etwas
zu dick geratener Mann
mit rundem Gesicht und
holprigen Umgangsformen
spricht sehr viel mit der
weiblichen Kundschaft

Das Nest

Das Haus hat keine Fenster
es ist ein leerer Raum
mit einer Öffnung nach oben
das Licht wirft keine Schatten
in der Sonne ist es kalt
nicht nur im Winter

Der Verliebte

Treffen wir uns
berühren wir uns
gehen wir spazieren
schauen wir uns
in die Augen
küssen wir uns
lassen wir einfach
geschehen was
dann so geschieht

ADELHARD WINZER
LÜGENGESCHICHTEN
2018. 132 SEITEN
BOD – BOOKS ON DEMAND,
NORDERSTEDT
ISBN 9783752862102

Der Mond hat sieben Türen, sprach das Kind.
Ich lebe nicht hinter dem Mond, erwiderte
der Mann. Du hast keine Ahnung, meinte
das Kind, wenn der erst mal seine Hintertüre
aufmacht, beginnen die Menschen zu wackeln.
Von wegen wackeln, sagte der Mann. Ja,
wenn der Mond wirklich wollte, könnte
er die ganze Welt überschwemmen,
aber er hat Mitleid mit uns, vor allem
mit den alten Leuten. Ich bin nicht alt,
entgegnete der Mann. Für ganz Alte, sagte
das Kind, macht er die Vordertüre auf,
dort können sie hineingehen! Und das
Kind verschwand wie es gekommen war.
Blödsinn, dachte der alte Mann, drehte sich
auf die andere Seite, und konnte doch nicht
einschlafen. Seine Gedanken begannen
um den Mond zu kreisen, um die Erde,
um alte Leute. Schließlich träumte er,
durch eine große weite Türe zu gehen.
Alle Menschen machten ihm Platz,
verbeugten sich und riefen:
Wo warst du denn die ganze Zeit!

ADELHARD WINZER
STOCKHOLM BLUES
KURZPROSA. 2018. 92 SEITEN
BOD – BOOKS ON DEMAND, NORDERSTEDT
ISBN 9783752839814

Seit ich denken kann, will ich nach Stockholm.
Kennen Sie Stockholm? Ich war noch nie dort.
Es ist schön, wo ich wohne, ich vermisse nichts.
Also, sagen meine Freunde, was willst du
in Stockholm? Ich weiß nicht. Nachts erwache
ich aus meinem Traum, drehe mich auf
die andere Seite und denke, morgen gehe ich
nach Stockholm. Stets kommt etwas
dazwischen. Ich gehe zur Arbeit, ärgere mich,
gehe wieder nach Hause – schon ist der Tag
vorbei. Wie schön wäre es jetzt in Stockholm,
denke ich, warum bist du nicht nach Stockholm
gegangen! Ich war in Trinidad, ich war in
New York, aber was ist das im Vergleich
zu meinem Traum. Meine Freunde sagen,
geh in dich, vergiss dieses Stockholm,
es bringt dich noch um! Aber in Gedanken
bin ich in Stockholm. Ich weiß nicht warum.
Um was Neues beginnen zu können,
muss ich nach Stockholm. Kennen Sie
Stockholm? Waren Sie schon dort?
Heute wäre ein guter Tag,
um nach Stockholm zu gehen!

ADELHARD WINZER
DIE SPRACHGRENZE
GESCHICHTEN. 2018. 184 SEITEN
BOD – BOOKS ON DEMAND, NORDERSTEDT
ISBN 9783746087429

In mehr als hundert ineinandergreifenden
Geschichten (die längste hat elf Seiten, die
kürzeste vier Zeilen) wird anhand der Parabel,
der Groteske, der Fabel und der Übertreibung
von Personen und Ereignissen berichtet,
denen allen gemeinsam die Thematik
„In der Fremde" zugrunde liegt. Skizzenhaft,
lakonisch, phantastisch überhöht,
bis an die Grenzen der Erzählbarkeit.

„Ihre Texte haben lange auf meinem Schreibtisch
gelegen und ich habe immer mal wieder
hineingeschaut. Der Titel ‚Sprachgrenze' ist
total richtig gewählt. Alle Texte machen vor
etwas Halt – eine Wand? Ein Absturz? Ein
Paradies? Das wirkliche Leben? (was immer
das ist). Man wartet auf einen Durchbruch,
aber er kommt nicht. Sehnsuchtstexte!
Sehnsucht sehnt sich nach Erlösung. Aber was
könnte das sein? Gott? Die Liebe? Die Tat?"
Ruth Rehmann in einem Brief
an Adelhard Winzer

„Deine Geschichten sind klasse,
sie ziehen den Leser in den Bann,
sind erschreckend ehrlich und hart,
sprachlich fein gesponnen."
Thomas Felber, Buchhandlung Lentner, München

„Ich finde Ihr Werk rundherum gelungen."
Wolfgang Weinkauf

ADELHARD WINZER
ANDREAS. REPRINT. 2019. 80 SEITEN
BOD – BOOKS ON DEMAND, NORDERSTEDT
ISBN 9783749436804

„Dieses Buch wendet sich Problemen zu, wie
Jugendliche sie in unserer Gegenwart haben können:
der Zweifel am sogenannten Fortschritt, mangelnde
Verbundenheit mit der Natur, Missverstehen der
Erwachsenen im Hinblick auf jugendliches
Verhalten. Das Buch wird gewiß einen Teil von
älteren Kindern und Jugendlichen in
weiterführenden Schulen gut ansprechen.“
Prof. Doktor Anton Reinartz,
VJA Nordrheinwestfalen

„Ein wichtiges Buch, insbesondere für Erwachsene,
denn hier können sie etwas erfahren über die Kluft,
die sie zwischen sich und den Kindern aufgebaut
haben und die Unkindlichkeit unserer Welt.“
Klaus Friedrich, München

„In dem schmalen Büchlein steht Bedeutsames.“
Reichenhaller Tagblatt

„Begegnung mit einem außergewöhnlichen Jungen.“
Stuttgarter Nachrichten

„In einem langen Brief schreibt sich Andreas
all das vom Herzen, was ihn freut, aber auch was ihn
bedrückt, was ihm an den Erwachsenen nicht gefällt,
die schuld daran sind, dass Landschaften
zu Betonwüsten werden, die sich immer
streiten müssen, die Kriege führen ...“
Katholischer Kirchenanzeiger

„Das Buch habe ich bekommen und gelesen.
Es gefiel mir. Talentierter Mann!“
Stephan Sulke

ADELHARD WINZER
KRETHI UND PLETHI
DAS KORKENSPIEL
ZWEI STÜCKE. 2019. 124 SEITEN
BOD – BOOKS ON DEMAND, NORDERSTEDT
ISBN 9783750414716
AUFFÜHRUNGSRECHTE:
CANTUS THEATERVERLAG, ESCHACH

KRETHI UND PLETHI
DRAMOLETT

Ein Stück, das die Sprache zum Mittelpunkt hat.
Befangenheit und Vorurteile der Menschen.
Keine zwingende Handlung. LAYLA
(schwarzhaarig) und SABRINA (blond),
einheitlich gekleidet,
sitzen Rücken an Rücken auf einer Bank,
reden über eine fremde Person, stehen auf,
gehen im Kreis, deuten mit den Händen,
vermeiden es, sich dabei anzuschauen.
Ort des Geschehens: Ein Kirchenplatz.
Bühnenlicht, das, während sie sprechen,
allmählich schwächer wird und den Schatten
des Kirchturms näher bringt. Bewegungen
und Gesten sollen nicht übertrieben wirken.
Freier Redefluss. Dazwischen kurze und längere
Pausen. Keine strenge Regieanweisung,
die Inszenierung liegt in der Hand des Regisseurs.
LAYLA und SABRINA telefonieren in den Pausen:
nehmen Anrufe entgegen, die sie mit JA oder NEIN
oder SOWIESO beantworten, oder sie schreiben
SMS auf ihren Handys, murmeln Unverständliches
dabei, schminken sich oder blättern in Illustrierten,
gähnen, schauen neugierig um sich, manchmal auch
verängstigt. Beide treten sehr selbstsicher auf –
aber nicht überheblich.

ADELHARD WINZER
KRETHI UND PLETHI
DAS KORKENSPIEL
ZWEI STÜCKE. 2019. 124 SEITEN
BOD – BOOKS ON DEMAND,
NORDERSTEDT
ISBN 9783750414716
AUFFÜHRUNGSRECHTE:
CANTUS THEATERVERLAG, ESCHACH

DAS KORKENSPIEL
DRAMA
*EIN LEBEN IST IMMER ZU KURZ
FÜR EIN GANZES LEBEN*

Alf und Bianca haben ihre Stadtwohnung
aufgegeben und versuchen in einem
abgelegenen Bauernhof auf dem Land sesshaft
zu werden. Eines Tages bekommen sie Besuch
von Gitte und Ernst, einem befreundeten Paar
aus der Stadt. Sie machen es sich bei Kaffee,
Kuchen und Wein im Garten bequem, erzählen
von ihren Reisen nach Asien, Österreich, Italien,
Mexiko und New York. Während Alf und
Bianca sich gegenseitig die Beweggründe ihres
Neuanfangs zu erklären versuchen, schwärmen
Ernst und Gitte von der ländlichen Umgebung.
Dabei stellt sich heraus, dass Alf und Bianca
von ihrem neuen Nachbarn dominiert werden,
die angebliche Idylle nur täuscht, alle
vier sich im Grunde nichts zu sagen haben.
Ein harmlos erscheinender Nachmittag
auf dem Bauernhof, bei dem es am Abend
zur Katastrophe kommt.

ADELHARD
WINZER
VENEDIG, VON HIER AUS
AUFZEICHNUNGEN
2019. 212 SEITEN
BOD – BOOKS ON DEMAND,
NORDERSTEDT
ISBN 9783749437481

Diese Arbeiten
folgen keinem
künstlerischen Konzept,
keiner Gesetzmäßigkeit, keiner
Logik im herkömmlichen Sinn.
Niedergeschrieben in einem Zug,
frei von ablenkenden Gedanken
oder Zugeständnissen an
eine literarische Form
enthält der Band
zweihundert Aufzeichnungen
aus dem Unterbewusstsein.
Allein das Aufhören
am Ende der jeweiligen
Notizbuchseite,
um erneut beginnen
zu können, galt als
Einschränkung beim
Schreiben dieser Texte.

ADELHARD WINZER
DER PENSIONIST
GESCHICHTEN
2019. 156 SEITEN
BOD – BOOKS ON DEMAND,
NORDERSTEDT
ISBN 9783749455041

Aufzeichnungen eines Querdenkers.
Eigenwillig, melancholisch, naiv.
Geschichten, die das Altern
zum Mittelpunkt haben.

Bei schönem Wetter konnte ich
vom Schreibtisch aus die Berge sehen.
Jetzt versperrt mir ein kotzfarbener
Wohnblock den Blick.
Auf dem Grundstück gegenüber
steht eine Trauerweide. Sie
erinnert mich an Wasser, aber
kein Bach weit und breit.
Der Wohnblock hat etwas
Fremdes an sich. Ich denke
an die Trauerweide und sehe
eine Birkenallee. Tatsächlich
steht im Hinterhof eine Birke.
Die kommt erst jetzt zur Geltung.
Wahrscheinlich war das mein erster
Gedanke beim Öffnen der Fenster.
Schnee ist gefallen über Nacht.
Es ist kalt. Der Aufzug fährt. Es ist
fünf nach sieben. Rauch steigt aus
den Kaminen gegenüber.
Der Tag beginnt.

ADELHARD
WINZER
ITALIENISCHE SKIZZEN
PROSA
2020. 136 SEITEN
BOD – BOOKS ON DEMAND,
NORDERSTEDT
ISBN 9783750403208

Der Strand war menschenleer,
der Mond spiegelte sich im Meer.
Ich war hellwach, fing zu schreiben an.
Es war eine Nacht voller Einfälle,
Gedankensprünge. Ich wurde nicht müde.
Der Tag hatte noch nicht begonnen.

„Adelhard Winzers Skizzen benötigen
nur wenige Sätze und Zeilen, um eine
besondere Atmosphäre einzufangen,
über ein Empfinden Auskunft zu geben,
ein Erlebnis zu schildern oder einer
früheren Kränkung nachzuspüren.
Die Reflexionen aus einem an Erfahrungen
überreichen Leben schwingen zwischen den
Themen Sprachlosigkeit und Geschwätzigkeit,
Einsamkeit und Geselligkeit, Zweifel und
Gewissheit. Zudem erweist sich Winzer
als genauer Beobachter menschlicher
Schwächen, der eigenen genauso wie
denen der anderen. Über allem weht ein
Hauch von Melancholie, vermischt
mit italienischer Leichtigkeit."
Isa Schikorsky